ALLOCUTION

Prononcée le 7 octobre 1889

AUX OBSÈQUES DE M. L'ABBÉ DESBORDES

Curé-doyen de Sully (Loiret)

PAR

M. L'ABBÉ LAROCHE

Vicaire général

ORLÉANS

H. HERLUISON, LIBRAIRE-ÉDITEUR

17, RUE JEANNE-D'ARC, 17

—

1889

ALLOCUTION

PRONONCÉE LE 7 OCTOBRE 1889

AUX OBSÈQUES DE M. L'ABBÉ DESBORDES

CURÉ-DOYEN DE SULLY (LOIRET)

MES FRÈRES,

Il y a quelques mois, nous étions au pied de cet autel. Le jeune prêtre que Dieu vous avait donné pour pasteur y montait et offrait pour vous le divin sacrifice. Ses maîtres, ses amis, ses confrères anciens et nouveaux, étaient groupés autour de lui. Afin que rien ne manquât à sa joie, il avait vu, à la porte de l'église, le premier magistrat de cette ville s'avancer vers lui, mettre sa main dans sa main et lui promettre de ne l'en retirer jamais. Vous remplissiez cette enceinte ; vos fronts étaient rayonnants ; vos cœurs étaient heureux. Je montais moi-même dans cette chaire, et, interprète de la pensée commune, j'appelais cette fête la fête de la religion, de l'amitié et de l'espérance.

Hélas ! mes Frères, nos espérances se sont évanouies ;

cette église s'est dépouillée de ses riantes parures pour se voiler de crêpes noirs, et nous voilà revenus pour pleurer sur un cercueil.

O mon Dieu, le coup que vous venez de frapper est terrible : terrible pour ce diocèse, auquel il enlève, à la fleur de l'âge, et après tant d'autres, un prêtre éminent ; terrible pour cette paroisse, qu'il plonge dans un second deuil, alors qu'elle est à peine sortie du premier. Nous adorons vos desseins impénétrables ; nous nous inclinons sous votre main. Mais vous qui avez pleuré sur le tombeau d'un ami, vous nous pardonnerez de laisser éclater notre douleur et nos regrets, et, pour en tempérer un peu l'amertume, de rendre un dernier et triste hommage à celui que nous avons perdu.

Je ne crois pas forcer la louange, mes Frères, en affirmant qu'il était difficile de rencontrer un homme plus complet que M. Desbordes, une nature morale mieux équilibrée, en qui les qualités de l'esprit, du cœur et du caractère se fondissent dans un plus harmonieux ensemble.

Il n'avait pas sans doute l'éclat de l'imagination, les ardeurs entraînantes de la parole ; mais il avait, ce qui vaut mieux, un rare bon sens.

Nulle qualité n'est plus nécessaire au prêtre, surtout dans les temps troublés que nous traversons. Appelé à combattre l'erreur, à dissiper les préjugés, à entendre les confidences les plus intimes, à résoudre les questions les plus graves et les plus délicates, à diriger, à travers mille périls, les âmes vers le but suprême, forcé parfois, dans la mesure où l'exige

leur rapport avec les choses éternelles, de se mêler aux
affaires du temps, il a besoin de tact, de prudence, d'un
coup d'œil sûr et pénétrant.

Toutes ces qualités, M. Desbordes les avait au plus haut
degré. Un de ses amis me disait, le jour de son installation :
« J'ai passé plusieurs années avec lui ; je l'ai vu à l'œuvre : il
ne s'est jamais trompé. » Magnifique éloge, mes Frères, et qui
suppose dans celui qui l'avait mérité une étonnante rectitude
de jugement. Il ne s'était jamais trompé ! Votre évêque le sa-
vait ; il connaissait sa maturité précoce : voilà pourquoi il
vous l'avait donné. Il était sûr qu'aucun de vos grands intérêts
ne périrait entre ses mains et qu'il gouvernerait cette paroisse avec autant de sagesse que de dévouement.

Le dévouement, un dévouement calme, simple, mais géné-
reux, absolu, tel était en effet le second trait de la physio-
nomie morale de M. Desbordes.

Pour faire du bien aux âmes, le bon sens, la prudence, ne
suffisent pas : il faut l'oubli de soi, l'abnégation, l'esprit de
sacrifice. Jésus-Christ n'a pas seulement parlé, il est mort. Ses
enseignements n'ont été qu'un sublime prélude : c'est dans
les larmes, c'est dans le sang du Calvaire, que s'est ache-
vée la rédemption. Tout prêtre est appelé à en continuer
le divin mystère : par conséquent tout prêtre est appelé au
sacrifice, et le Père Lacordaire définissait magnifiquement le
sacerdoce quand il l'appelait *une immolation de l'homme
ajoutée à celle de Dieu.*

Vous savez, vous, Messieurs, qui l'avez connu, si celui que
nous pleurons avait compris cette doctrine austère. Vous

l'avez vu, je l'ai vu moi-même, dans ce petit séminaire de La Chapelle qu'il aimait tant et qui lui est resté si fidèle, vous l'avez vu, avec le même entrain joyeux, faire sa classe, présider une promenade, animer de sa voix les fêtes religieuses et les fêtes littéraires. Un confrère fatigué lui demandait-il un service, vite il le lui rendait avec une bonne grâce, une simplicité aimable, qui lui gagnaient tous les cœurs en révélant le sien. Quand les délicatesses de la piété filiale l'arrachèrent à ces enfants auxquels il faisait tant de bien, son cœur, ce semble, s'agrandit encore avec le devoir. Chargé, à un moment, de cinq paroisses à la fois, on le vit, hiver, été, par la pluie, par le soleil, aller de l'une à l'autre, instruisant les enfants, visitant les malades, prodiguant à tous un dévouement qu'aucune fatigue ne pouvait lasser. Quand il vint à vous, mes Frères, il était atteint d'un mal dont nul ne soupçonnait la gravité. Vous l'avez vu luttant contre lui, se relevant de ses défaillances pour aller là où le devoir l'appelait, montant, brisé, haletant, en chaire et au saint autel, ne s'arrêtant que pour s'étendre quelques heures sur un lit d'agonie et y mourir, après avoir renouvelé les exemples de vaillance sacerdotale que son prédécesseur vous avait donnés.

Mais quel était donc, mes Frères, le principe d'un tel dévouement? Qu'est-ce qui en alimentait, dans son cœur, la flamme?

C'était une foi profonde. Dans tous les postes qu'il occupa, il ne vit jamais qu'une chose, le devoir, et, dans le devoir, la volonté de Dieu.

Je n'en citerai qu'un trait. — Sa mort a délié mes lèvres

et justifie une indiscrétion que, lui vivant, je ne me serais pas permise. — Quand on lui offrit la cure de Sully, il semble qu'il eût dû l'accepter avec un empressement joyeux. Être appelé, si jeune, à un poste si éminent ; aller à des âmes qui comprendraient si bien la sienne ; diriger des œuvres si belles et si bien organisées ; être sûr de trouver, pour soutenir son zèle, des familles si dévouées, il y avait là de quoi flatter l'ambition la plus légitime et enflammer ses désirs. Eh bien ! non. Plus la paroisse était belle, plus il s'en crut indigne. Il fut moins frappé de l'honneur que de la responsabilité. Son humilité alarmée chercha les raisons de décliner la dignité qui lui était offerte. Il fallut, pour en triompher, et les instances de son Évêque et les conseils d'un ami, et ce n'est qu'en tremblant et vaincu par l'obéissance qu'il laissa sortir de ses lèvres le *fiat* attendu.

Cela est beau, n'est-ce pas, mes Frères ? Il y a quelque chose pourtant de plus beau encore. C'est de le dire, ce *fiat* de la soumission, non plus en face des honneurs, mais en face de la maladie et de la mort. Se voir, au lendemain même de son installation, brusquement arrêté dans son premier élan ; porter dans son cœur toutes les ambitions du zèle et ne pouvoir en réaliser aucune ; sentir, chaque jour, diminuer ses forces et sa vie s'éteindre ; avoir la pleine conscience de son agonie ; dire adieu à une paroisse déjà si chère, à tant d'amis, à une mère si aimée ; mourir enfin, et mourir à trente-quatre ans ! Il y a là un sacrifice dont Dieu seul a pu mesurer la profondeur. Ce sacrifice, il le fit, et ne pouvant, mes Frères, vous consacrer sa vie, il offrit pour vous sa mort.

Ah ! ne parlons plus de projets détruits, de rêves éteints et d'espérances brisées. Ne nous demandons pas s'il n'eût pas mieux valu, pour lui, rester dans l'ombre d'une vie modeste que de venir ici seulement pour y languir et pour y mourir. Ce sont là des considérations humaines, et la foi a des vues plus hautes. Non, non, son passage au milieu de vous n'aura pas été stérile. Il a bien fait de venir. Non seulement il vous aura donné un grand exemple de vertu, mais il aura offert pour vous, en s'offrant lui-même, un sublime holocauste. Sa mort sera peut-être plus féconde que n'a été sa vie, et ce qu'il n'a fait qu'ébaucher sur la terre, il l'achèvera du haut du ciel.

Et maintenant, que le char funèbre qu'on apprête emporte loin de vous ses restes inanimés, son souvenir restera vivant dans tous vos cœurs. Vous n'oublierez jamais ce jeune prêtre si bon, si dévoué, si aimable, qui est mort à votre service. Vous vous rappellerez les leçons de sa vie, vous vous rappellerez surtout les leçons de sa mort. Il a brillé un moment comme un rayon d'espérance et il s'est éteint. Qu'est-ce donc que la vie et quel fonds peut-on faire sur la santé, sur le talent, sur la jeunesse, sur les joies de ce monde ? En un clin d'œil, tout passe, tout s'évanouit..... Vous seul restez, ô mon Dieu, et nous serions bien insensés si, en face de ce cercueil, nous ne vous jurions pas un profond et fidèle amour. Ainsi soit-il !

IMP. GEORGES JACOB, — ORLÉANS.